AF626729

DON BOSCO

Angelika Albrecht-Schaffer

Die 50 besten Spiele für Theater und Improvisation

DON BOSCO

MiniSpielothek

**Gerne nehmen wir Ihre Anregungen,
Wünsche, Kritik oder Fragen entgegen:**
Don Bosco Medien GmbH, Sieboldstraße 11, D-81669 München
anregungen@donbosco-medien.de
Servicetelefon: +49(0)89 48008-341

Bibliografische Information der Deutschen Nationalbibliothek

Die Deutsche Nationalbibliothek verzeichnet diese Publikation in der Deutschen Nationalbibliografie; detaillierte bibliografische Daten sind im Internet über http://dnb.d-nb.de abrufbar.

6. Auflage 2025 / ISBN 978-3-7698-2162-8
© 2016 Don Bosco Medien GmbH, Sieboldstraße 11, D-81669 München
produktinformation@donbosco-medien.de
www.donbosco-medien.de
Jegliche Nutzung für Text-and-Data Mining und KI-Training ist ausdrücklich vorbehalten und nicht gestattet.
Umschlag: Manfred Lehner, Blue Cat Design
Umschlagfotos: Manfred Lehner, Stephanie Hofschlaeger/pixelio
Layout: Alexandra Paulus
Satz: Don Bosco Medien GmbH, München
Druck: dieprintzen, Ursensollen

Gedruckt auf umweltfreundlichem Papier

Inhalt

Die ganze Welt ist eine Bühne.

William Shakespeare

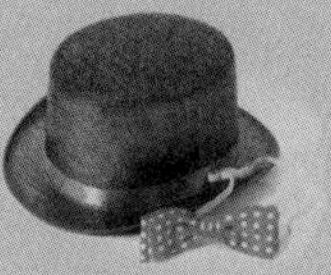

Wir wärmen uns auf

Alle da?!

Einfach, aber wirkungsvoll, um als Spielleitung alle Mitspieler kennenzulernen und für einen guten Beginn zu sorgen: Die Spielleitung wirft jedem den Ball zu, nennt den Namen des jeweiligen Ballfängers und lässt sich den Ball dann wieder zurückwerfen.

Variation

Alle werfen sich den Ball gegenseitig unter Zuruf des Namens zu.

Material

Ball

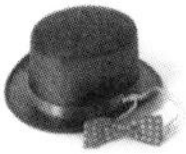

Schön locker werden

Die folgenden Übungen machen den Körper wach, aufmerksam und spielbereit. Die Mitspieler stehen dabei mit lockeren Knien im Kreis und haben jeweils mindestens eine Armlänge Abstand voneinander.

Die lästige Fliege

Eine freche und lästige Fliege umschwirrt das Gesicht und setzt sich dort immer wieder irgendwo hin. Sie darf nur durch das Bewegen der Gesichtsmuskeln „verscheucht“ werden.

Sternenhimmel und Blumen bewundern

Langsam den Kopf nach oben bewegen und den imaginären, wundervollen Sternenhimmel bestaunen. Gleichzeitig den Unterkiefer locker lassen und ein „Ohhh!“ hauchen. Dann langsam den Kopf senken und in der Vorstellung die Blumen auf der Wiese mit einem „Mmh!“ bewundern. Dies ist eine gute Übung, um die Wangen zu lockern.

Ohr besucht Schulter

Das rechte Ohr locker zur rechten Schulter hin sinken lassen, dann den Kopf bewusst wieder in die Senkrechte bringen und langsam das linke Ohr zur linken Schulter kommen lassen.

Bleistift an der Nasenspitze
An der Nasenspitze sitzt ein imaginärer Bleistift. Damit „schreibt“ jeder seinen Namen auf das „Luftpapier“. Die Kunst dabei besteht darin, im Hals- und Nackenbereich locker zu bleiben.
Als Ratespiel gespielt, steht einem jeweils ein Mitspieler gegenüber und versucht zu „lesen“, was in die Luft geschrieben wird.

Das Fußkonzert
Jetzt sind die Füße dran: Reihum ist jeder Mitspieler ein Mal der „Dirigent“ und gibt eine kurze Trampelsequenz vor, die von allen anderen nachgeahmt wird.

Pinsel an den Händen
Wir stellen uns vor, dass wir an jeder Hand einen Pinsel haben, mit dem wir den Raum um uns herum mit viel Körpereinsatz und weit ausladenden Bewegungen bunt anmalen. Eine schwungvolle Musik erleichtert das Vorhaben.

Los gehts!
Die Hände mit viel Schwung nach oben zusammenklatschen und ein kräftiges „Ja!“ mitschicken.

Material

evtl. schwungvolle Musik

2

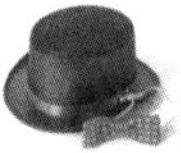

Der ganze Körper spielt mit viel Gefühl

Die Fantasie hilft uns, Gefühle authentisch auszudrücken. Die Spieler stellen sich vor, dass zwischen dem Bauchnabel und dem unteren Ende des Brustbeins (Solarplexus) ein Gummiball sitzt. Die „Bewegung" dieses Balls bewegt den ganzen Körper:

- Der Ball bewegt sich langsam nach vorne – wir begrüßen die anderen freudig.
- Der Ball bewegt sich aggressiv nach vorne – wir sind wütend, wenn wir aufeinander zugehen.
- Der Ball bewegt sich waagerecht auf einer Linie nach hinten – wir werden vorsichtig und schüchtern und weichen aus, weil wir nicht wissen, ob etwas Schreckliches auf uns zukommt.
- Der Ball dehnt sich aus – wir „schweben" vor lauter Glück.
- Der Ball zieht sich zusammen und wird ganz klein – wir sind enttäuscht und verkriechen uns.

Zum Einstimmen

Diese fantasievollen Ideen helfen, die eigene Stimme zum Klingen zu bringen. Die Spieler stehen dabei im Kreis, locker in den Knien und mit einer Armlänge Abstand zum Nachbarn:

- Den Körper mit Gähnen, Strecken und Räkeln aktivieren.
- Ausgehend vom Brustkorb vorsichtig den Körper abklopfen. Dabei den Rücken und das Gesäß nicht vergessen.
- Die Arme weit nach oben strecken, um die besten „Birnen“ vom „Baum“ zu pflücken. Hochspringen, um auch die von ganz oben zu erreichen.
- Die heruntergefallenen „Birnen“ vom Boden aufheben. Dabei den Oberkörper locker nach vorne fallen lassen und langsam wieder hochkommen.
- Die Lippen schließen und mit der Zunge die Zähne in alle Richtungen umfahren. Dann ein genüssliches „Mmmh!“ formulieren, dabei Kaubewegungen machen und sich mit der Zunge über die Lippen schlecken.

- Die Laute „P“, „T“, „K“, „F“ und „Sch“ laut, deutlich und möglichst weit in den Raum schicken.

Zu guter Letzt aufrecht stehen. Dabei haben die Füße guten Bodenkontakt, die Knie sind locker und wir lassen die Schultern hängen. Wie bei einer Marionette ist der Kopf an einem imaginären, am Hinterkopf befestigten Faden aufgehängt und bildet zusammen mit der Wirbelsäule eine Perlenkette. Der Kopf sitzt dabei beweglich, der Atem fließt und ein Lächeln erscheint im Gesicht.

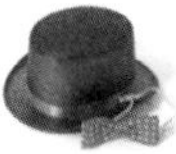

Mit Vorstellungskraft zu einer kräftigen Stimme

Hirschkampf

Hier darf kräftig gedrückt werden, damit die Stimme voll tönt. Zwei Mitspieler stehen sich gegenüber und haben die Arme jeweils beim anderen auf die Schultern gelegt. Auf ein Kommando hin drücken sie sich gegenseitig weg, wobei sie kräftige, kurze Töne machen. Wichtig ist, dass daraus kein dauerndes Gerangel wird, sondern dass immer wieder neu angesetzt wird.

Lokomotive

Die Spieler stellen sich vor, dass sie eine gute, alte Dampflok sind, die sich in Bewegung setzt. Dazu locker stehen, einatmen und mit dem Ausatmen die Lok mit „Sch-sch-sch!“ möglichst lange in Bewegung halten.

Eine Kerze ausblasen

Die Spieler stellen sich vor, dass sie eine Kerze in der Hand halten und diese auf unterschiedliche Art ausblasen, z. B.:

- Einmal kurz und kräftig pusten.

- Ganz langsam blasen, damit die Kerze noch möglichst lange flackert.
- Immer wieder pusten, weil die Kerze einfach nicht ausgehen möchte.

Der Luftballon

Die Spieler stellen sich vor, dass sie ein Luftballon sind und holen dann mit einem tiefen Atemzug viel Luft, um sich „aufzublasen“, bis sie fast zerplatzen könnten. Dabei öffnen sich die Arme. Dann die Luft langsam wieder rauslassen und dies mit Quietschgeräuschen begleiten.

Laut und deutlich mit viel Spaß

Bei diesem Spiel geht es darum, verständlich zu sprechen, ohne zu schreien. Jeder Mitspieler bekommt einen lustigen, unsinnigen Satz und stellt sich dann möglichst weit entfernt von der Gruppe auf. Laut und deutlich ruft er nun seinen Satz. Die Gruppe versucht, diesen Satz aus der Entfernung zu verstehen.

Beispiele

- „Meine Oma schenkt mir morgen ein Stachelschwein."
- „Mein Teddybär hatte sich hinter der knallbunten Spielkiste versteckt."
- „Mein Herzenswunsch ist ein Prinzessinnenkleid mit hellblauen Rüschen."
- „Mir hat der Nikolaus grün karierte Ringelsocken mit blauen Tupfen gebracht."
- „Das gelb getupfte Auto mit dem Bären als Fahrer fährt zu schnell."

- „Die Kartoffelsuppe mit Blümchen schmeckt lecker."
- „Heute proben die Mäuse mit dem Kater ihr Weihnachtsballett."

Variation

Die Spieler bilden Paare und stellen sich weit entfernt voneinander gegenüber auf. Dann rufen sie sich ihren jeweiligen Satz zu und versuchen gleichzeitig, den anderen zu verstehen. Weil das alle Spielpaare gleichzeitig machen, muss noch deutlicher gesprochen werden, damit das Gegenüber einen versteht.

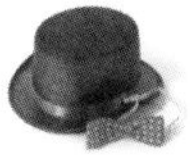

Clown of Amsterdam

Immer noch das schönste Verfolgungsspiel, bei dem wunderbar mit dem Ausdruck gespielt werden kann: Die Spieler gehen frei durch den Raum. Sie verfolgen dabei unauffällig einen anderen Spieler und ahmen dessen Gang und Bewegungen genau nach, bis hin zu furchtbarer Übertreibung! Wer sich verfolgt fühlt, dreht sich rasch um und prüft nach, ob es tatsächlich so ist. Falls es wirklich Verfolger gab, schauen diese ganz unschuldig und gehen schnell in eine andere Richtung.

Tipp

Schwungvolle Musik steigert die Spiellaune und den Bewegungsfluss.

Material

evtl. schwungvolle Musik

Führen und Folgen

Hier geht es darum, einerseits achtsam mit dem Spielpartner zu agieren, aber andererseits auch (Bewegungs-)Grenzen auszuprobieren. Die Regeln müssen jedoch hierbei ganz klar sein. Das Spiel braucht ausreichend Platz und eine vertrauensvolle Atmosphäre.
Die Spieler bilden Paare, die sich sozusagen gegenseitig „an der Nase herumführen“. Ein Mitspieler führt dabei den anderen mit der Handfläche, die sich etwa 15 cm von der Nase des Partners entfernt befindet. Dieser Abstand muss immer gleich bleiben. Der Partner folgt den Handbewegungen entsprechend.
Nach einiger Zeit wird gewechselt. Für die Augen ist es angenehmer, die Hand am Schluss nicht einfach wegzuziehen, sondern langsam herunterzunehmen. Man sollte mindestens zwei Mal wechseln, um immer neue Ideen auszuprobieren.

Variation 1

Der Geführte darf seinerseits mitten im Spiel die Rollen wechseln, sodass ein fließender Übergang mit Notwendigkeit zu blitzschneller Reaktion entsteht.

Variation 2

Man darf aus anderen Paaren Personen „herausnehmen“ und diese selbst weiter an der Nase herumführen.

8

Drei Ideen für mehr Spielenergie

Power-Klatschen

Die Gruppe steht im Kreis. Die Spielleitung dreht sich zu einem ihrer Nachbarn und klatscht in die Hände. Dieser Nachbar ist ihr zugewandt und muss zeitgleich ebenfalls klatschen. Dann wendet er sich seinem anderen Nachbarn zu und gibt den Klatscher auf die gleiche Weise weiter usf.

Das Spiel kann ganz langsam beginnen, bevor es immer schneller wird, wobei trotzdem stets zeitgleich geklatscht werden muss.

Gemeinsamer Energieschub

Die Spieler stehen wortlos im Kreis auf einem Bein und lassen die Arme locker hängen. Diese Haltung wird so lange ausgeführt, bis das gemeinsame Gefühl entstanden ist, auf das andere Bein wechseln zu müssen, die Arme hochzuwerfen und ein „Hah!“ zu rufen.

Diese Übung kann auch ein guter Abschluss sein. Dann wird statt „Hah!“ einfach „Schluss!“ gerufen.

Voll da sein!

Jeder Spieler sitzt auf einem Stuhl. Die Spielleitung gibt nach und nach Impulse für drei verschiedene Energiestufen:

- In Stufe 1 darf man sehr lasch sitzen und sich lümmeln.
- In Stufe 2 richtet man sich auf und räkelt sich genussvoll.
- In Stufe 3 ist man sofort hellwach und spielbereit.

Material

Stühle

9

Ungewöhnliche Tricks zum Textlernen

Einen Text auswendig zu lernen, passend zur Rolle zu gestalten und laut und deutlich zu sprechen, ist ein Kunststück für sich. Hier einige Tipps, wie das leichter gelingen kann:

- Text lässt sich am Leichtesten merken, wenn er in Bewegung gelernt wird. Man kann also z. B. das Manuskript lesen und dabei einen Spaziergang machen.
- Den Text im Gehen sprechen und dabei zusätzlich große, ausladende und übertriebene Handbewegungen machen.
- Den Text sprechen und gleichzeitig mit den Füßen stampfen.
- Den Text möglichst auswendig hintereinander ohne Pause sprechen.
- Den Text auswendig an die etwa 1 m entfernte Wand sprechen.

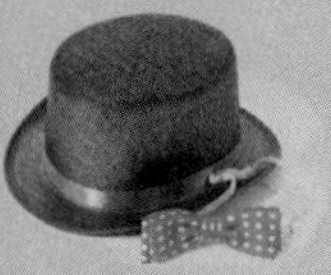

Wir erweitern unsere Ausdrucksfähigkeit

Schatzkiste

Hier steht auf spielerische Weise das genaue und deutliche Zeigen im Mittelpunkt. Die Spielleitung hält eine imaginäre Schatzkiste in der Hand und öffnet sie geheimnisvoll. Sie „holt" daraus etwas hervor, das sie pantomimisch herzeigt, bevor sie es an einen Mitspieler weitergibt. Sie schließt die Kiste wieder und gibt diese ebenfalls dem zuvor Beschenkten. Dieser darf nun seinerseits etwas aus der Kiste herausholen, es herzeigen und „verschenken".
Die Grundidee dieses Spiels lässt sich vielfältig einsetzen:

- Als Themenkiste, aus der jeder etwas zum Thema des geplanten Theaterstücks herausholt.
- Als Requisitenkiste, aus der ein „Requisit" herausgeholt wird, mit dem man seine Theaterrolle entwickelt.
- Als Abschluss, um jedem noch eine „Kleinigkeit" mitzugeben.

„Ich war das nicht!“

Dieses Spiel ist eine gute Möglichkeit, gestenreich zu übertreiben, jede Stimmung auszunützen, sich gegenseitig heftig zu beschimpfen, entrüstet oder geschmeichelt zu sein und sich ganz lieb gegenseitig nur das Beste zuzutrauen.

Der Erste beginnt mit: „Du warst es!“ und zeigt dabei auf einen Mitspieler. Dieser antwortet: „Wer? Ich?“ Der Erste bestätigt: „Ja, du!“ Der Angesprochene erwidert: „Nein! Du warst es!“ und zeigt auf eine weitere Person. Damit beginnt das Spiel von vorne.

Mein rechter Platz ist leer

Dieser Spieleklassiker unterstützt die Ausdrucksfähigkeit. Die Spieler sitzen im Kreis. Es gibt einen Stuhl mehr als Mitspieler anwesend sind. Die Person links neben dem freien Platz ruft: „Mein rechter Platz ist leer, ich wünsche mir ... (*Name eines Mitspielers*) her!“ Die aufgerufene Person fragt: „Wie soll ich kommen?“ Der Rufende bestimmt nun, wie sich die aufgerufene Person zu dem freien Platz neben ihm begeben soll. Da es ums Theater geht, sind dabei nur theatralische Ausdrucksformen erlaubt, so kommt man z. B.

- in der Rolle einer bestimmter Märchenfigur,
- mit einem bestimmten Gefühlsausdruck,
- als Fantasiegestalt oder
- in einer Rolle aus dem geplanten Theaterstück.

Variation

Die Person, die einen Mitspieler herbeiruft, gibt zusätzlich Tipps und Anregungen, wie der Herbeigerufene die betreffende Gestalt verdeutlichen kann. Erst wenn der „Regisseur“ mit der Darbietung zufrieden ist, darf man sich auf den freien Platz setzen.

Material

Stühle

13

Das Handschwert, oder: „Schöner sterben"

Hinter diesem makabren Titel verbirgt sich ein witziges Spiel, bei dem die Ausdrucksfähigkeit ausgelebt werden kann. Die Spieler gehen durch den Raum. Die linke Hand wird dabei mit der offenen Handfläche auf dem Rücken gehalten und ist der „schwache Punkt". Die rechte Hand ist das „Handschwert", mit dem versucht wird, den Gegner an seinem „schwachen Punkt" zu treffen.

Wer getroffen wurde, verliert eines von drei „Leben". Er hat nun 30 Sekunden Zeit, möglichst theatralisch und wirkungsvoll zu „sterben". Alle anderen Mitspieler „frieren" so lange in ihrer gegenwärtigen Position ein. Der „Verstorbene" erhält danach Beifall, darf aufstehen und weiter mitspielen, sofern er noch eines seiner drei Leben übrig hat.

Mimik-Kette

Hier dürfen Grimassen geschnitten und weitergegeben werden: Zwei Spieler sitzen einander gegenüber. Einer von ihnen schneidet eine eindrucksvolle Grimasse. Sein Gegenüber beobachtet genau und ahmt diese Grimasse nach. Ganz langsam geht er dann in einen neuen Gesichtsausdruck über, den wiederum sein Partner übernimmt usw.
Unbedingt langsam spielen, genießen und die Veränderung im Gesicht deutlich wahrnehmen!

Variation

Der erste Mitspieler zeigt einen Gefühlsausdruck, den sein Partner übernimmt und dann in den gegenteiligen Ausdruck verändert. Es ist erstaunlich, welche gegenteiligen Ausdrucksmöglichkeiten es gibt!

Material

Stühle

Gefühle gucken

Mit Genuss darf hier ein Spieler zusehen, wie viele verschiedene Möglichkeiten es gibt, ein Gefühl auszudrücken. Einer der Spieler nimmt auf einem Stuhl Platz. Um ihn herum liegen verdeckt Kärtchen, auf denen jeweils ein Gefühl steht (also z. B. „neugierig“, „ängstlich“, „fröhlich“ etc.). Die Mitspieler gehen nun durch den Raum. Der Sitzende zieht ein Kärtchen, lässt mit dem Ruf „Stopp!“ alle „einfrieren“, liest laut das auf dem Kärtchen stehende Gefühl vor und gibt mit „Go!“ das Signal für die Umsetzung. Er darf nun so lange zusehen, bis ein anderer Spieler ihn vom Stuhl verdrängt und mit „Stopp!“ und „Go!“ ein neues Gefühl einbringt.

Die Spielleitung sollte darauf achten, dass die Übung positiv endet. Hierzu bringt sie selbst zum Schluss ein angenehmes Gefühl ein.

Material

Stuhl, vorbereitete Papierkärtchen

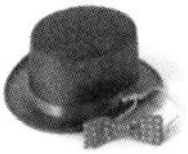

Schimphonie und Streichelwörter

Mit viel Lachen wird bei diesem Spiel der mimische und sprachliche Ausdruck gefördert. Die Gruppe sammelt bzw. erfindet zunächst möglichst viele Schimpfwörter und „Streichelwörter". Dann wird die Gruppe in zwei gleich große Teams geteilt. In der ersten Runde stehen sich beide Teams gegenüber und werfen sich eine Minute lang die Schimpfwörter an den Kopf. Anschließend sprechen sie einander für den gleichen Zeitraum die Streichelwörter zu.
Garantiert zum Lachen führt die zweite Runde, in der die Schimpfwörter mit liebevollem Ausdruck gesagt und die Streichelwörter in schimpfendem Tonfall benutzt werden.
Die Gruppenmitglieder gehen im Raum herum und sprechen demjenigen Mitspieler, dem sie gerade begegnen, jeweils ein Schimpf- oder ein Streichelwort zu. Auf ein Streichelwort kann dabei aber mit einem Schimpfwort geantwortet werden oder umgekehrt.
Wichtig! Es dürfen keine Berührungen stattfinden. Der Schwerpunkt bleibt beim sprachlichen Ausdruck.

Auftauchen, nicht abtauchen!

Eine mutige Spielerei rund um Ausdruck und Präsenz. Alles, was für diese Übung benötigt wird, ist ein Vorhang, hinter dem ein Mitspieler erst ganz in Deckung gehen und dann so weit wieder auftauchen kann, dass nur der Kopf sichtbar ist. Dabei gibt es mehrere Möglichkeiten:

- Die Zuschauer rufen dem Versteckten eine bestimmte Mimik zu, mit der dieser auftauchen soll.
- Der Versteckte taucht mit einer selbst gewählten Mimik auf.

Wichtig für den Mimik-Darsteller ist es, die Spannung auszuhalten und erst wieder hinter dem Vorhang abzutauchen, wenn es gar nicht mehr anders geht.

Variation

Weitere Möglichkeiten ergeben sich, wenn der Vorhang so groß ist, dass sich der Spieler ganz dahinter verstecken kann:

- Der Versteckte kommt hervor, bleibt ruhig stehen, bekommt viel Applaus und hält es möglichst lange ohne Reaktion aus, im Rampenlicht zu stehen.
- Der Versteckte kommt hervor, sagt sehr ernsthaft einen selbst erfundenen oder zuvor von der Spielleitung verteilten Satz und geht wieder ab.
- Der Versteckte kommt hervor und hält 30 Sekunden lang eine Rede über ein zufällig gezogenes Thema (z. B. „Das Liebesleben der Kartoffelkäfer bei Sonnenaufgang“, „Die Einsamkeit des Teddybären um Mitternacht“ oder etwa eine aktuelle Schlagzeile aus der Zeitung).

So viel Mut wird von den Zuschauern selbstverständlich immer mit überwältigendem Applaus gewürdigt, der auch genossen werden darf!
Die Übung klingt einfacher als sie ist!

18

Material

Vorhang

Einmal Regie führen

Einer der Spieler ist der Regisseur und darf so lange ein Bild verändern, bis er damit zufrieden ist. Jeder Mitspieler bekommt eine Zahl. Dann ruft der Regisseur eine dieser Zahlen auf. Der betreffende Mitspieler stellt sich auf die Bühne und verharrt dort in einer selbst gewählten Pose. Nach und nach werden alle anderen Spieler auf die gleiche Weise aufgerufen und dürfen sich ebenfalls in einer selbst gewählten Pose zu dem Standbild dazustellen.

Wenn alle Spieler integriert sind, nennt der Regisseur erneut eine Zahl, die betreffende Person tritt kurz aus dem Bild heraus und steigt an einer anderen Stelle mit einer selbst gewählten Pose wieder in das Bild ein. Alle anderen Spieler versuchen unterdessen, weiterhin regungslos zu verharren.

Der Regisseur darf durch das Nennen der Zahlen so lange Veränderungen herbeiführen, bis er mit dem entstandenen Bild zufrieden ist und ihm zu guter Letzt noch einen Titel gibt.

Alle meine Entchen

Hier geht es darum, spielerisch einen Text zu gestalten und das präsente Auftreten auf der Bühne zu üben. Alle Spieler erhalten den gleichen kurzen Text, z. B. von „Alle meine Entchen“, und eine Anweisung, wie dieser vorgetragen werden soll.

- Mit der Stimme spielen: Laut/leise, Tonfall/Unterton, überdeutlich artikuliert, klare Pausen, schnell/langsam, genuschelt ...
- Mit einem bestimmten Gefühl: wütend, stinksauer, tieftraurig, verzweifelt, voller Ideen, schüchtern, gehetzt, nicht ganz fit, gut drauf, verzweifelt, neugierig, fröhlich, verliebt ...
- In einer bestimmten Rolle: Grabrede, Nachrichtensprecher, Wetterbericht, Heiratsantrag, Zauberspruch, Geheimbotschaft, trotziges Kind, Wahlkampfrede, Null-Bock-Jugendlicher, Staubsaugervertreter, Eisverkäufer am Strand, Stadtführer, Liebeserklärung, ganz fürchterliche Nachricht, sehr erfreuliche Nachricht, Ausschimpfen ...

Nach kurzer Vorbereitungszeit werden die Ergebnisse präsentiert.

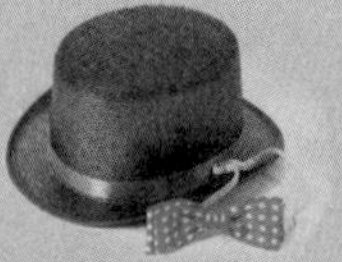

Wir spielen miteinander

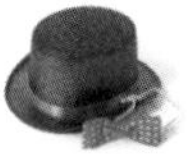

„Stopp!" und „Go!"

Präsenz, Körperspannung, Konzentration und das Ausprobieren von Ideen stecken mit unzähligen Varianten in diesem Spiel. „Stopp!" ist das Kommando für das „Einfrieren" jeglicher Bewegung, ohne dabei an Energie und Körperspannung zu verlieren. „Go!" ist das Zeichen für Bewegung. Die Wortsignale werden jeweils mit einem Handklatscher unterstützt.

Im „eingefrorenen" Zustand gibt die Spielleitung einen Aktions- oder Handlungsimpuls, der bei „Go!" umgesetzt wird. Wenn die beiden Kommandos und das Klatschen gut eingeführt sind, können sie an die Gruppe abgegeben werden. Die Spielleitung bringt weiterhin ab und zu selber ein „Stopp!" und „Go!" ein, um damit einen rascheren Wechsel zwischen den Impulsen zu ermöglichen und den Verlauf des Spiels zu steuern.

Die Impulse können vielfältig sein, sich auf das Thema des folgenden Theaterstücks beziehen, Ausdrucksübungen beinhalten oder Spielideen anregen. Einige Vorschläge:

- Verschiedene Gangarten: schnell, langsam, vorwärts, rückwärts, durcheinander ...

- Den Raum wahrnehmen: offen und freudig, vorsichtig, als Raum mit glücklichen und schönen Erinnerungen, als Schutzraum ...
- Augenkontakt herstellen: einen kurzen Blick wagen, interessiert schauen, mustern, abschätzen, anstarren ...
- Begegnungen spielen: jemanden treffen, den man lange nicht gesehen hat, der Böses vorhat, von dem man enttäuscht ist, auf den man wütend ist ...
- Sich begegnende Gefühlsfiguren spielen: Herr Lust, Frau Wut, Herr Geiz, Frau Eifersucht, das Wuttier, das Faultier ...
- Redensarten umsetzen: den Rücken stärken, zusammenhalten wie Pech und Schwefel, mit den Wölfen heulen, jemanden auf Händen tragen, die Zähne zeigen ...
- Auf unterschiedlichem Untergrund gehen: Schneefeld, Sand, spitze Steine, heißer Asphalt ...
- Verschiedene Lebensalter darstellen: Kleinkind, Jugendlicher, Greis ...

Aufmerksames Gehen

Diese Übungen schulen die Aufmerksamkeit, das Aufeinanderachten und die Fähigkeit, zu bemerken, wer sich wo befindet. Auf der Bühne ist es wichtig, die Augen auch mal „hinten zu haben“ und zu „spüren“, wo mein Theaterpartner steht und was er macht.

Wer ist wo?
Die Spieler gehen aufmerksam durch den Raum und beobachten genau, wer sich wo befindet. Nach etwa einer Minute bleiben alle stehen und schließen die Augen. Die Spielleitung nennt nun den Namen von einem der Anwesenden und die Mitspieler zeigen in die Richtung, in der diese Person ihrer Erinnerung nach gerade steht. Augen auf und prüfen, dann geht es in eine neue Runde!

Wer geht? Wer steht?
Die Spieler gehen aufmerksam durch den Raum. Wenn einer von ihnen stehen bleibt, bleiben alle anderen ebenfalls stehen. Der Erste, der wieder losgeht, gibt das Tempo und die Schrittart vor.

Was macht mein Partner?

Jeder hat einen Partner, von dem er weiß, wo er gerade steht. Der eine Partner darf aber nur gehen, während der andere steht. Sobald er wieder steht, darf der andere loslaufen. Dieser Wechsel erfolgt ohne Worte, nur durch aufmerksames Beobachten. Einfach loszulaufen ist zwar erlaubt, dann muss aber der bisherige Läufer reagieren und sofort stehen bleiben.

22

Geräuschedusche

Ein kleiner Genuss für zwischendurch: Einer der Mitspieler steht mit geschlossenen Augen in der Mitte. Die anderen stehen oder gehen um ihn herum und machen allerhand Geräusche (Wind, Tiere, Maschinen etc). Dabei beginnen sie leise und vorsichtig und entwickeln ohne Absprache einen Spannungsbogen. Der Zuhörer in der Mitte darf anschließend erzählen, welche Geschichte auf diese Weise in seiner Fantasie entstanden ist.

Variation 1

Die Geräuschemacher einigen sich auf eine Geräuschkulisse und der Zuhörer muss diese erraten.

Variation 2

Die Mehrzahl der Gruppe spielt die Geräuschemacher und steht am Rand der Bühne. Die übrigen zwei bis drei Spieler gehen auf die Bühne und agieren entsprechend der Geräuschkulisse.

Adlerauge

Ein Spiel, das die Aufmerksamkeit schult und die Fähigkeit, den richtigen Moment für ein unauffälliges Ändern des Impulses zu erkennen: Einer der Spieler, das „Adlerauge“, geht aus dem Raum. Währenddessen einigt sich die Gruppe auf eine Person, die jeweils allen Bewegungsimpulse gibt. „Adlerauge“ darf nun wieder hereinkommen und muss herausfinden, von wem diese Impulse ausgehen. Während die Gruppe frei im Raum umhergeht, gibt der Impulsgeber unauffällig eine Bewegung (Körperhaltung, Gangart etc.) vor, die alle nachmachen. Von Zeit zu Zeit wechselt er den Bewegungsimpuls. Wurde er entdeckt, dann darf er als nächstes „Adlerauge“ rausgehen und ein neuer Impulsgeber wird gewählt.

24

Spiegeln

Die Mitspieler bilden Paare. Jeweils ein Spieler ist der „Spiegel“, sein Partner steht vor ihm und gibt Bewegungen vor, die der „Spiegel“ zeitgleich möglichst genau mitmacht. Je langsamer und deutlicher die Bewegungen sind, desto leichter kann der „Spiegel“ ihnen folgen. Dabei sollte man ruhig einmal ausprobieren, wie weit man weggehen oder sich wegdrehen kann, bevor der „Spiegel“ nicht mehr reagieren kann. Man kann zu diesem Spiel auch eine anregende und schwungvolle Musik spielen oder ein Thema wie etwa die „Morgenwäsche“ damit verbinden.

Material

evtl. schwungvolle Musik

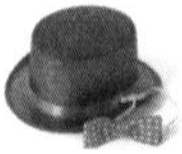

Bildhauereien

Eine Übung, bei der es auf einen klaren Ausdruck, aber auch auf einen achtsamen Umgang miteinander ankommt: Die Spieler bilden Paare. Die Spielleitung gibt ein Thema vor, z. B. „Märchen“. Der eine Spieler aus jedem Paar ist der „Bildhauer“ und formt den anderen, also sein „Material“, zu einem mit dem Thema zusammenhängenden Standbild. Die Statuen werden anschließend ausgestellt und bei einem Rundgang bewundert. Danach werden die Rollen gewechselt.
In das Standbild kann auch ein realer Gegenstand integriert werden, der mit dem geplanten Theaterstück zu tun hat.

Variation 1

Es gibt keine thematische Vorgabe durch die Spielleitung. Das jeweilige „Material“ des Bildhauers muss raten, was es darstellt. Abschließend zeigt jedes Paar allen sein schönstes Standbild.

Variation 2

Das Spiel kann erweitert werden, indem ein „Bildhauer“ die ganze Gruppe als „Material“ zur Verfügung hat und eine Szene herstellen darf. Wieder wird geraten, was dargestellt wird.

Material

evtl. Gegenstände aus dem geplanten Theaterstück

26

Bilderwechsel

Ein Spiel, bei dem in aller Ruhe auf eine Aktion eine Reaktion folgt. Die Gruppe bildet Teams aus jeweils drei Mitspielern. Diese Dreiergruppen machen unter sich eine Reihenfolge aus. Person 1 gibt eine Statue vor. Person 2 stellt sich entsprechend dieser Vorgabe dazu und „friert“ in seiner Haltung ein. Person 1 tritt nun zurück und Person 3 stellt sich entsprechend der Vorgabe von Person 2 hin. Dann beendet Person 2 ihre Pose und Person 1 reagiert wieder mit einem Standbild auf die Pose von Person 3. So geht das Spiel immer weiter. Nach einer Weile wird die Reihenfolge umgedreht, damit sich neue Personen-Kombinationen begegnen.

Wichtig ist, dass das angebotene Standbild erst in Ruhe betrachtet wird, bevor man sich selbst einfügt. Dennoch: nicht zu lange überlegen, spontan bleiben!

Variation

Die Spielleitung gibt ein Thema als Ausgangsimpuls vor, z. B. „ Abschied“, „Begegnung“, „Zauberei“ ...

Gruppenstandbild

Der erste Spieler hat eine Idee für ein Gruppenstandbild, die er jedoch geheim hält. Er geht auf die Bühne und nimmt eine dazu passende Haltung ein. Die Mitspieler überlegen sich, welche Szene hier wohl ihren Ausgang nimmt, stellen sich nach und nach mit einer eigenen, entsprechenden Pose dazu und „frieren ein“.
Am Schluss wird aufgelöst. Die Spielleitung fragt vom letzten bis zum ersten Spieler, was er darstellt und in welchem Bild er sich befindet. Wie überraschend, wenn jeder etwas anderes gesehen hat!

28

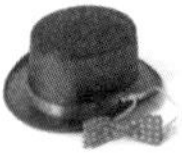

Herr und Diener

Wer träumt nicht davon, einen Diener zu haben, der einem (fast) alle Wünsche erfüllt? In diesem Spiel ist das möglich. Die Spieler bilden Paare. Einer der Spieler ist jeweils der Herr und der andere der Diener. Der Herr äußert nun (erfüllbare) Wünsche, die sogleich in die Realität umgesetzt werden. Nach 10 Minuten erfolgt ein Wechsel der Rollen. Es ist gar nicht so einfach, ein Herr zu sein!

Variation

Wenn alle Paare gleichzeitig Herr und Diener spielen, kann es passieren, dass sich die Diener miteinander solidarisieren. Dies kann wunderbar dargestellt werden, indem die Diener sich gegenüber ihren Herren unterwürfig und artig zeigen, während sie hinter deren Rücken zu ihren „Kollegen“ hin über sie lästern.

Die Theatermaschine

Eine kleine Übung für den Abschluss einer Theaterstunde. Die Spielleitung gibt eine Maschine vor, die gemeinsam „gebaut“ werden soll, z. B. eine „Vanilleeisbechermitfrüchtenmaschine“.
Der erste Spieler stellt sich mit einer sich wiederholenden Handbewegung und einem Geräusch auf die Bühne. Er erklärt kurz, was innerhalb der Maschine er darstellt. Nach und nach stellen sich alle anderen Spieler dazu, bis jeder „eingebaut“ ist. Nun läuft die Maschine auf Höchsttouren, und zwar so lange, bis sie mit einem lauten „Knall“ auseinanderfällt und alle „Maschinenteile“ davonfliegen.

30

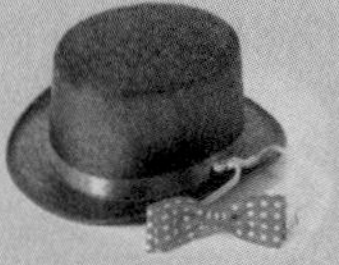

Wir improvisieren nach Lust und Laune

Fotoshooting

Hier kommt es darauf an, rasch eine Idee umzusetzen. Die Spielleitung nennt ein Thema, zu dem sich die Mitspieler ohne Worte auf einen „Klick“ zu einem „Foto“ zusammenstellen. Einige Anregungen:

- Am Strand von Copacabana
- Auf dem Berggipfel neben den Gipfelkreuz
- Auf der Chinesischen Mauer
- In einem afrikanischen Nationalpark
- Vor dem Schiefen Turm von Pisa
- Auf der Flucht vor einem Eisbären am Nordpol
- Das erste Treffen mit einem Außerirdischen

Die Ergebnisse werden „fotografisch“ festgehalten.

31

Variation

Das Fotothema wird für eine bestimmte Zeitschrift inszeniert, z. B. für eine Jugendzeitschrift, eine Modezeitschrift, ein Boulevardblatt usw. – und ist daher jedes Mal anders!

Nicht lange fackeln!

Nach Lust und Laune wird hier zwei bis drei Minuten lang auf einen Impuls hin improvisiert. Die Spielleitung nennt einen Ort und eine damit verbundene Tätigkeit. Die Spieler antworten mit Begeisterung und Zustimmung: „Ja, das machen wir!“ und gehen dann sofort ins Spiel. Wunderbare Themen sind z. B.:

- Geisterstunde auf Burg Hohenstein
- Pause auf dem Schulhof
- Ein spannender Kinofilm

Wenn die Grundidee klar ist, überlässt die Spielleitung das Nennen neuer Anregungen den Spielern selbst. Gespielt wird aber auch hier immer erst nach der Bestätigung: „Ja, das machen wir!“

32

Blitzschnell

Hier kommt es auf Folgendes an: Nicht lange überlegen! Einfach machen! Jede Idee ist erlaubt!

Die Spieler bilden einen Kreis. In der Mitte liegt ein einfacher Gegenstand (z. B. ein Kochlöffel). Jeder, dem etwas zu diesem Gegenstand einfällt, geht hin, nimmt ihn auf, spielt kurz seine Idee an und legt ihn wieder zurück. Leichter wird es, wenn reihum gespielt wird. Dadurch vergeht keine Wartezeit, bis jemand mutig genug ist und in die Mitte geht.

Material

einfacher Gegenstand (z. B. Kochlöffel)

33

Improvisation mit einer Tür

Mit einer Tür kann man überraschende Improvisationen machen. Die Hälfte der Gruppe steht auf der einen Seite der Tür, die andere auf der anderen. Eine Person öffnet die Tür und beginnt mit einer Spielidee. Die Person auf der anderen Seite geht entsprechend darauf ein. Dabei kommt es darauf an, möglichst ein schnelles und überraschendes Ende der Improvisation zu finden.

Türen assoziieren verschiedene Themen, aus denen ein Theaterstück entstehen kann: Fremde oder Freunde stehen vor der Tür, Vertreter, unangenehme Besuche, Aliens, Tiere ...

Improvisation mit ein bisschen Text

Eine Improvisationsübung ohne den Druck, einen sinnvollen Text erfinden zu müssen: Zwei Spieler treten gemeinsam auf oder sitzen einander gegenüber. Sie unterhalten sich nur mit den Worten ihres Namens und ihrer Adresse und deren Reihenfolge.
Die Herausforderung besteht darin, den Worten durch eine unterschiedliche Betonung eine neue Bedeutung zu geben und entsprechend darauf zu reagieren. Dabei sollte man langsam sprechen und spielen, damit der „Untertext“, also diese neue Bedeutung, auch beim Partner ankommt. Ein Schluss ergibt sich dabei meist von selbst!

Variation 1

Bei dieser Variation besteht der Text aus der Zahlenfolge von 1 bis 30 (beliebig erweiterbar!), die beim Zusammenspiel eingehalten werden muss. Mit der letzten Zahl findet die Szene ein stimmiges Ende.

Variation 2

Das Paar einigt sich auf einen „neutralen“ Begriff, mit dem eine „Unterhaltung“ geführt wird. Worte wie „Ja“ oder „Nein“ sollten dabei vermieden werden, weil sie nicht neutral sind. Hier als Beispiel eine Unterhaltung mit dem Wort „Blau“: „Blau!“ – „Blau, blau, blau?“ – „Blaublau!“ – „Blau.“

Material

Stühle

35

Spaziergang durch imaginäre Orte

Einer der Spieler macht sich auf die Reise durch einen imaginären Ort. Er geht umher und fabuliert laut, was es dort alles gibt und was er sieht. Die anderen Spieler reagieren gemeinsam darauf und stellen das Gesagte sofort dar. Der Erzähler selbst ist jedoch nicht in das Spiel eingebunden.
Ein guter Einstieg in diese Übung kann z. B. ein imaginärer Spaziergang durch die vielen Zimmer eines Geisterschlosses sein. Bestimmt hat jeder noch eigene Ideen, z. B. einen Bahnhof, einen Marktplatz, ein Schwimmbad usw.

36

Bühne frei!

Eine Herausforderung, bei der es auf die freie Improvisation ankommt! Mitten im Raum ist mit Schnur oder Klebeband eine „Bühne“ gekennzeichnet, um die die Gruppe steht, denn aus dem Stehen heraus kommt man leichter in Aktion!
Der erste Spieler überschreitet nun bewusst die Begrenzung, betritt also die Bühne, und beginnt zu spielen. Weitere Mitspieler steigen ein und nehmen den Impuls auf. Wer wieder aussteigen möchte, benötigt einen plausiblen Grund, um abzugehen. Nicht einfach nur so aussteigen!

Variation

Ein Zuschauer klatscht in die Hände und das Spiel „friert ein“. Er schickt eine der mitspielenden Personen von der Bühne, nimmt deren Position ein und beginnt ein neues Spiel mit einer neuen Idee.

Material

Schnur oder Klebeband

Allerlei Improvisationen

Hier einige schöne Anregungen für improvisierte Szenen. Text und Spiel entstehen dabei im Augenblick und alles ist erlaubt. Wichtig ist, die Impulse anzunehmen.

Der Diavortrag

Drei Spieler stellen ohne Absprache untereinander ein Standbild. Dieses „Dia“ wird von einem vierten Mitspieler entsprechend eines vorgegebenen Themas kommentiert. Dann klickt der Vortragende mit der imaginären Fernbedienung zum nächsten Bild, worauf sich das Standbild ändert. Der Vortragende kann ein Bild auch schneller „wegklicken“, wenn ihm dazu kein Kommentar einfällt. Wunderbare Themen für einen solchen Diavortrag sind z. B. „Abenteuerurlaub“ oder „chaotisches Familienfest“.

Ein Ort, eine Beziehung, ein Konflikt

Hier heißt es „Bühne frei!“ für eine verrückte Improvisation für drei Spieler: Die erste Person, die auf die Bühne geht, gibt mit ihrem Spiel den Ort vor, an dem das Folgende passiert. Die zweite Person kommt hinzu, wenn der Ort klar ist, und macht die Beziehung zwischen den Spielern deutlich (Eltern, Freunde, Feinde, Gegner, Künstler ...). Die dritte Person bringt einen Konflikt oder ein Ärgernis ein. Dann wird gespielt, bis sich alles in Wohlgefallen oder in Chaos auflöst.

Der Fernsehabend
Ein Spieler sitzt vor der Bühne und macht es sich gemütlich. In der Hand hat er eine imaginäre Fernbedienung. Im „Fernseher“, der auf der Bühne eventuell durch einen großen Rahmen aus Pappe dargestellt wird, spielen drei Mitspieler das Programm, das sich der Fernsehzuschauer jeweils wünscht. Falls das Programm zu langweilig wird, wird weitergezappt.
Der Zuschauer zappt sich z. B. durch die Nachrichten, eine Soap, eine Natursendung, die Sendung mit der Maus ... und zurück.

Material

Stuhl, Fernsehbildschirmrahmen aus Pappe

38

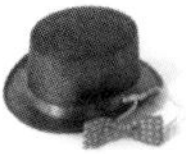

Weltsprache „Gromolo“

Die Spieler stehen im Kreis. Ein Mitspieler tritt in die Kreismitte und erzählt in ca. zehn Sätzen unter Zuhilfenahme von Gesten etwas in „Gromolo“ (Kauderwelsch). Anschließend tritt sein rechter Nachbar in die Mitte und „übersetzt“ das, was sein Vorredner erzählt hat. Jeder sollte ein Mal Redner und ein Mal Übersetzer sein.

Variation

Der „Gromolo“-Sprecher ist „Fachmann“ für ein bestimmtes Thema, z. B. für die Vermarktung von Gebrauchtkaugummis oder die wissenschaftliche Vermessung der Spaghetti, er ist ein Zuckerwürfelfarmer oder ein Forscher, der den grün gestreiften Höhlenkäfer untersucht. Sein Fachvortrag wird entsprechend übersetzt.

39

Behandle mich ...

Dieses Spiel fördert das freie Sprechen, Aufeinandereingehen und Aushalten einer zugedachten Rolle. Allerdings sollte die Spielleitung darauf achten, dass niemand blamiert wird.
Die Spieler sitzen im Kreis. Die Spielleitung klebt allen einen Zettel auf die Stirn mit einer Handlungsanweisung, die nur die anderen Mitspieler lesen können. Der jeweilige Spieler weiß also nicht, was auf seinem Zettel steht. Die Zettel enthalten Angaben wie:

- „Ignorier mich!"
- „Stimme meinen Aussagen zu!"
- „Finde mich toll!"
- „Widersprich mir!"
- „Zweifle mich an!"
- „Himmle mich an!"
- „Behandle mich wie ein Kind!"
- „Halte mich für taub!"

Nun beginnt ein Gespräch zu einem Thema, bei dem möglichst alle gut mitreden können. Die Gesprächsteilnehmer gehen dabei entsprechend den Angaben auf den Zetteln miteinander um. Nach etwa 15 Minuten wird das Gespräch beendet. Bevor die Handlungsanweisungen aufgelöst werden, äußert jeder eine Vermutung, welche Vorgabe er auf seiner Stirn hatte. Danach ist unbedingt ein Austausch darüber erforderlich, wie es einem in der jeweiligen Situation ergangen ist!

Material

Stühle, Klebezettel, Stift

40

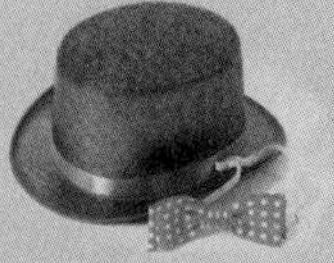

Wir entwickeln kleine Theaterstücke

Dazu fällt mir ein ...

Hier werden Assoziationen zu einem bestimmten Thema gesammelt, die in das geplante Theaterstück einfließen können. Die Spieler stehen locker und entspannt, sollten jeweils eine Armlänge Platz um sich herum haben und schließen die Augen. Die Spielleitung nennt nun einen Begriff. Ohne viel Nachdenken stellen die Spieler dazu ein Standbild dar. Wenn alle ihre Pose gefunden haben, werden die Augen geöffnet. Jeder stellt kurz vor, was er darstellt und was die Verknüpfung mit dem Thema ist.

41

Den Blickwinkel wechseln

Manchmal benötigt es einen Perspektivenwechsel, um in die Probenarbeit und das geplante Theaterstück neuen Schwung zu bringen. Diese Übung ist gut geeignet, um Rollen zu vertiefen, Text neu zu erfinden und Szenen wirkungsvoller zu gestalten.
Die für das Theaterstück vorgesehene Szene wird zunächst im Original gespielt. Anschließend wird die gleiche Szene unter einer anderen Vorgabe improvisiert. Gut geeignet sind z. B. folgende Anregungen:

- In einer andere Kultur, z. B. bei den Eskimos oder in Italien
- Alles in einer bestimmten Emotion, z. B. lustig oder tief betrübt
- In einer Fantasiesprache gesprochen
- Gesungen

Das klingt verrückt, aber neue Anregungen sind dadurch garantiert!

Variation

Einfache Alltagsszenen erfinden, wie z. B. ein Frühstück, das unter verschiedenen Vorgaben gespielt wird.

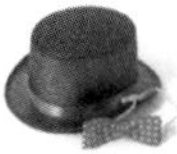

Überraschende Koffergeschichten

Die Mitspieler bilden Vierergruppen. Jede Gruppe bringt einen Koffer mit, in dem sich fünf bis sechs möglichst unterschiedliche und pfiffige Gegenstände befinden. Je weniger die Gegenstände zusammenpassen, desto spannender wird die Geschichtensuche.

Die Koffer werden nun untereinander ausgetauscht, ohne etwas über den Inhalt zu verraten. Jede Gruppe hat die Aufgabe, aus den vorhandenen Gegenständen ein Theaterstück mit folgenden Vorgaben zu entwickeln:

- Es dürfen keine zusätzlichen Requisiten hinzugenommen werden.
- Alle Teile, inklusive des Koffers, müssen verwendet werden.
- Das Stück muss einen roten Faden, also einen klaren Beginn und ein deutliches Ende haben.

Variation 1

Die Spielleitung kann ein spezielles Thema für den Inhalt der Koffer vorgeben, z. B. Gegenstände aus einem Märchen.

Variation 2

Die Gruppe kann noch Angaben zu einem Ort („Baustelle“) und/oder einer Zeit („Mitternacht“, „Römerzeit“) hinzufügen, an dem bzw. in der das Theaterstück spielt.

Variation 3

Der Koffer enthält Kleidungsstücke, die möglichst wenig zusammenpassen: Badelatschen, Abendkleid, Krawatte, Sportschuhe ... Der Fantasie sind hier keine Grenzen gesetzt. Die Gruppen haben zehn Minuten Zeit, um sich anzukleiden und sich einen Namen für ihre Modeschöpfung auszudenken, bevor das Ergebnis als Modenschau präsentiert wird. Vielleicht entstehen daraus verrückte „Laufstegszenen“?

Material

Koffer mit jeweils fünf bis sechs möglichst unterschiedlichen Gegenständen bzw. nicht zusammenpassenden Kleidungsstücken

43

Wenn diese Ecke erzählen könnte

Die Mitspieler bilden Vierergruppen. Dann werden im Gebäude an verschiedenen inspirierenden Orten (z. B. Küche, Garderobe, Ecke im Gruppenraum ...) Titel von möglichen Geschichten ausgehängt, z. B.:

- „Ein heimtückischer Mord“
- „Wenn er geredet hätte!“
- „Geheimnisvolle Ruhe“

Es werden zwei bis drei mehr Titel ausgehängt als Gruppen vorhanden sind. Buchtitel geben meist gute Anregungen für die Titelfindung. Die Vierergruppen bekommen nun die Aufgabe, sich eine Geschichte auszudenken, die unter der jeweiligen Überschrift an diesem Ort passiert sein könnte. Dazu sollen jeweils drei Standbilder (ohne Bewegung) gefunden werden: Eines zeigt den Beginn des Geschehens, eines ist aus der Mitte und eines zeigt den Schluss.

Dann werden die Geschichten im Rahmen eines Rundgangs an den Originalschauplätzen vorgestellt. Die Gruppen zeigen ihre drei Standbilder dabei ohne Kommentar. Die Spielleitung unterstützt den Ablauf, indem sie jeweils mit einem Klatschen den Beginn

des nächsten Bildes vorgibt, das für ca. 20 Sekunden „einfriert".
Bevor der Titel genannt wird, geben die Zuschauer eine Rückmeldung, welche Geschichte sie erkannt haben.

So ein Theater mit einem Koffer!

Ein Koffer ist ein wunderbares Requisit, das zu verrückten Begegnungen und zu verschiedenen Rollen anregt. Voraussetzung sind möglichst viele neue, antike, große und kleine Koffer.

Kofferspiele zum Einstieg

- Laufen und dann den Koffer abgeben. Habe ich keinen Koffer, dann bleibe ich stehen, bis ich wieder einen bekomme.
- Den Koffer heimlich hinter einer Person abstellen. Wenn diese das bemerkt, muss sie stehen bleiben.
- Der Koffer möchte nicht weg von mir, ich möchte ihn aber loswerden – und umgekehrt.
- Jeder spielt kurz vor, was man alles mit einem Koffer machen kann.
- Ein „Kofferdenkmal" bauen.

Koffer entwickeln ein Eigenleben

- Die Koffer ziehen sich gegenseitig an und stoßen sich ab.

- Zwei Kofferbesitzer sitzen unbeteiligt nebeneinander, während ihre Koffer sich sympathisch finden, einen Flirt beginnen und miteinander anbandeln. Eventuell wird das einem der Besitzer peinlich und er nimmt seinen Koffer zurück bzw. schimpft ihn aus.
- Die Koffer begegnen sich in verschiedenen Situationen (z. B. im Bus).

Koffer führen zu einer Rolle und zu Kofferszenen
- Wer könnte einen solchen Koffer besitzen?
- Wo wäre er damit unterwegs?
- Warum wäre er damit unterwegs?
- Was wäre in diesem Koffer drin?
- Welche Geschichte hat dieser Koffer?
- Ein im Koffer verborgener Satz muss in die Geschichte eingebaut werden.

Koffer führen zu verschiedenen Themen
Der Koffer erzählt sein Schicksal: Flucht, Abschied, Heimweh, Fernweh, Fremde, Heimat ...

Material

Koffer

Ein Gang durch die Gemäldegalerie

Wir spazieren durch eine Gemäldesammlung und stellen uns vor, was wäre, wenn die Gemälde lebendig werden würden. Die Spielleitung legt dazu Postkarten mit Motiven berühmter Gemälde aus (z. B. die „Mona Lisa“). Zwei bis drei Spieler wählen sich jeweils eines der Gemälde aus. Die Gemälde sollten höchstens zwei Personen zeigen, sonst wird es später im Rahmen „zu eng“. Die Mitspieler stellen das ausgewählte Gemälde zunächst genau nach. Dabei auf Feinheiten in der Mimik, Gestik und Körperhaltung achten!
Gemeinsam wird dann fantasiert und überlegt, was die dargestellten Figuren wohl denken, was sie gerade machen, wo sie gerne wären, wer sie sind, worüber sie sich unterhalten etc. Daraus entstehen Ideen für kleine Szenen.
Als „Bühne“ fungiert ein Bilderrahmen, an dem unterhalb ein schwarzes Tuch angebracht ist. Mehrere solcher Bilder zusammen ergeben eine Gemäldegalerie. Weitere Mitspieler gehen als Besucher durch diese Galerie. Die Figuren der Bilder treten in Kontakt mit den Besuchern, geben Kommentare über diese ab, lo-

cken sie ins Gemälde und tauschen vielleicht sogar die Plätze mit ihnen.

Variation

Statt Gemälden kann man auch Postkarten oder Fotografien von Statuen, z. B. von Rodin, verwenden.

Material

Postkarten mit Abbildungen berühmter Gemälde oder Statuen, Bilderrahmen, schwarzes Tuch

46

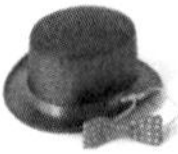

Mit einem Requisit zu einer Rolle

Wunderbare Theaterimprovisationen ergeben sich aus der Auseinandersetzung mit einem Requisit. Dabei beeinflusst die Auswahl des Requisits das Thema. Sehr gut geeignet sind z. B. Hüte:

Die Spielleitung legt viele verschiedene Hüte aus. Die Spieler schauen sich diese in Ruhe an und wählen einen für sie passenden Hut aus. Dann gehen alle im Raum umher, behalten den Hut in der Hand und überlegen sich zunächst, was das für eine Person sein könnte, die diesen Hut trägt (Geschlecht, Alter, Beruf, Charakter, Lebenssituation ...). Diese Gedanken können in einer Art „Steckbrief“ schriftlich festgehalten werden.

Hat jeder eine Person gefunden, darf er den Hut aufsetzen und sich mit dem Aufsetzen in diese Person verwandeln. Aktiv wird nun eine für diese Person typische Körperhaltung, Gangart, Gestik, Mimik, Sitzhaltung etc. erspielt. Mit der Zeit findet jeder auch einen typischen Satz, der zu seiner Person passen könnte, und spricht diesen in verschiedenen Varianten. Damit bekommt die Rolle auch eine Stimme. Wichtig: Wenn

der Hut abgesetzt wird, steigt man aus der Rolle aus, wenn er aufgesetzt wird, agiert man nur in dieser.
Es folgt eine Vorstellungsrunde aller entstandenen Figuren. Jeder geht dazu in der typischen Art der von ihm gespielten Person eine Runde im Kreis und sagt seinen Satz.

Variation 1

Nach dem Motto: „Wir könnten zusammenpassen" oder: „Unmögliches Komplott" finden sich Dreier- oder Vierergruppen zusammen, die Szenen entwickeln, in denen die gewählten Personen vorkommen.

Variation 2

Weitere geeignete Gegenstände sind Küchenutensilien, Brillen oder Souvenirs aus verschiedenen Ländern.

Material

verschiedene Hüte oder andere Gegenstände (z. B. Küchenutensilien, Brillen, Souvenirs)

47

„Haute-Couture"-Zeitungstheater

Alles, was für dieses Spektakel benötigt wird, sind viele Zeitungen oder Papiertischdecken in verschiedenen Farben, ausreichend Klebeband und Scheren. Mit viel Fantasie schneidert sich jeder damit ein Kostüm – frei ohne Themenvorgabe oder mit einer Anregung, also mit Themen wie z. B. „Mittelalter", „Außerirdische" etc. Das „Kleid" sollte so stabil sein, dass es an- und ausgezogen werden kann.
Die Designer präsentieren ihre Entwürfe unter viel Beifall auf dem Laufsteg (langes rotes Tuch) und nennen den Namen ihrer Kreation. Anschließend gehen jeweils drei oder vier Kostümträger zusammen und erfinden eine Geschichte zu ihren Modellen.

48

Material

verschiedenfarbige Zeitungen bzw. Papiertischdecken, Klebeband, Scheren, langes rotes Tuch

Ein-Satz-Theater

Die Spielleitung legt verschiedene Sätze aus, und zwar mindestens doppelt so viele wie Spieler anwesend sind. Die Sätze können frei erfunden sein, eine reißerische Schlagzeile aus der Zeitung oder einem klassischem Werk entnommen werden. Jeder sucht sich nun einen Satz aus, der ihn anspricht und mit dem er eine Weile spielen möchte.

Zunächst gibt die Spielleitung Anregungen, wie man sich mit dem Satz vertraut machen kann. Die Spieler gehen dazu konzentriert und jeder für sich allein durch den Raum:

- Verschiedene Varianten des Satzes sprechen, eine unterschiedliche Betonung verwenden, laut und leise sprechen.
- Mit dem Satz verschiedene Stimmungen und Gefühle ausdrücken.
- Sich den Satz gegenseitig zurufen.
- Begegnungen mit diesem Satz spielen.

Schnell wird sich dabei jeder eine bestimmte Person vorstellen können, zu der sein Satz passen könnte. Diese Vorstellung vertieft jeder für sich, indem er sich einen Platz im Raum sucht und Antworten auf die folgenden Fragen der Spielleitung findet:

- Wer ist diese Person?

- Wie sieht diese Person aus?
- Was ist das Besondere an ihr?
- Warum sagt sie diesen Satz?
- In welcher Situation sagt sie warum diesen Satz?

Anschließend geht es auf die Bühne, wo jeder die von ihm erdachte Szene vorspielt.

Variation

Jeweils drei Spieler überlegen, in welcher Situation sie zusammenkommen und ihre Sätze sagen würden. In der so entstandenen Szene dürfen als Text nur die gewählten Sätze verwendet werden!

Material

Papierzettel, Stift

Fototheater

Die Spielleitung legt Fotos aus, die anregende und klare Szenen mit höchstens fünf bis sechs Personen zeigen. Um freies Assoziieren zu ermöglichen, sollten die Fotos keine bekannten Persönlichkeiten oder typischen (Bilder-)Buchhelden zeigen. Inhaltlich können sich die Fotos am geplanten Theaterthema orientieren. Dann finden sich Gruppen zusammen, die von der Anzahl der Personen her der Personenzahl auf dem jeweiligen Foto entsprechen. Zug um Zug entsteht aus diesem Ausgangsimpuls ein Theaterstück:

- Gemeinsam wird das Foto interpretiert: Was ist hier los? Was wird dargestellt? Wo könnte das stattfinden?
- Das Foto wird genau nachgestellt, um sich in die abgebildeten Akteure hineinzuversetzen. „Genau" heißt dabei, auf die Haltung zu achten, die Mimik nachzuvollziehen, den Bewegungsimpuls und die Zuwendung zu den anderen Personen auf dem Foto nachzuempfinden.
- Ideen, wie es zu diesem Foto gekommen sein könnte, werden zusammengetragen: Was ist zuvor passiert? Wie wird die Szene enden?

Mit diesen Anregungen erfindet die Gruppe ein kleines Theaterstück.

Don Bosco MiniSpielothek
Klein, fein, alles drin

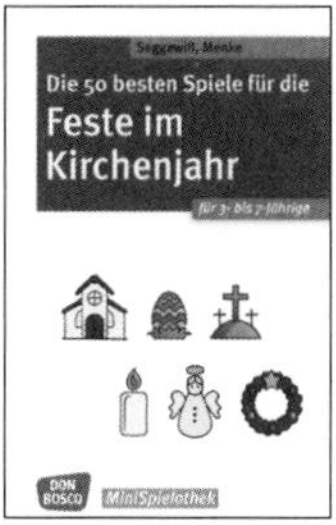

ISBN 978-3-7698-2582-4

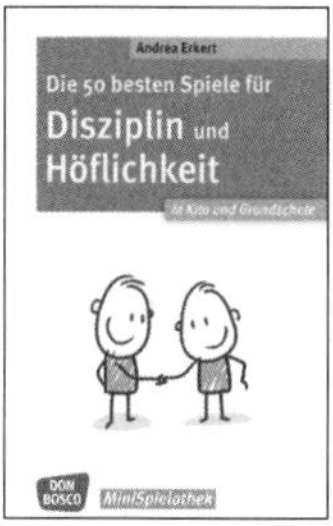

ISBN 978-3-7698-2583-1

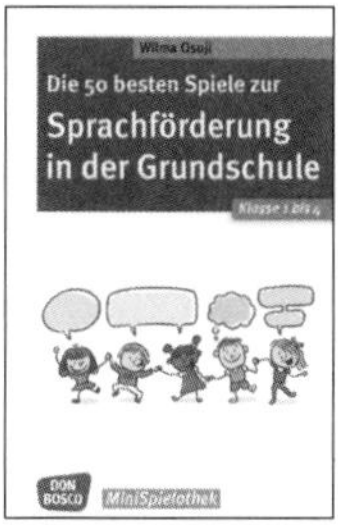

ISBN 978-3-7698-2577-0

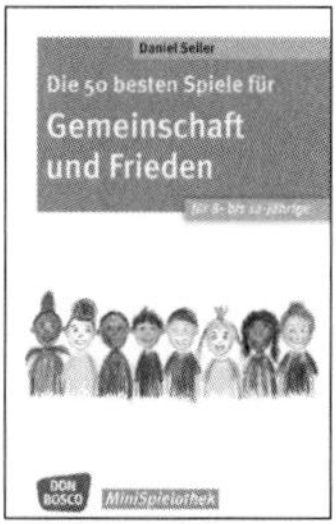

ISBN 978-3-7698-2576-3

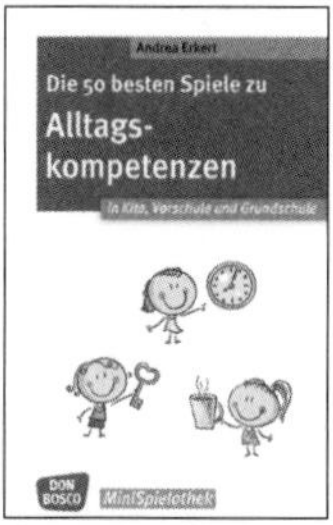

ISBN 978-3-7698-2573-2

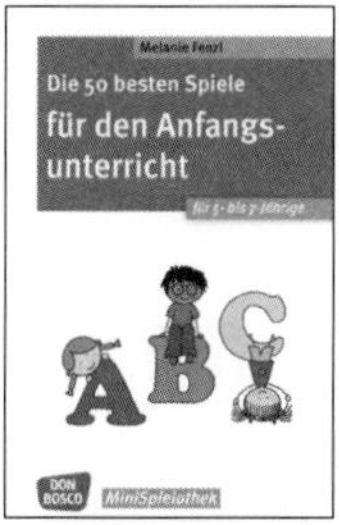

ISBN 978-3-7698-2572-5

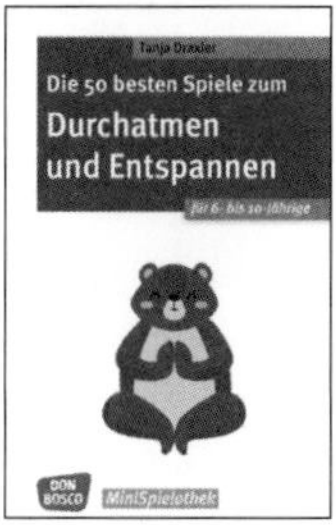

ISBN 978-3-7698-2569-5

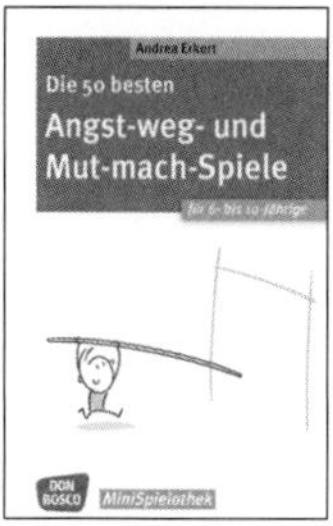

ISBN 978-3-7698-2565-7

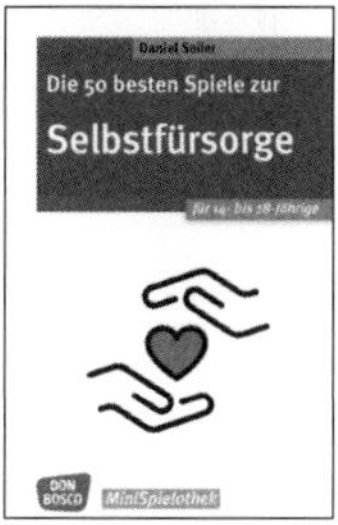

ISBN 978-3-7698-2558-9

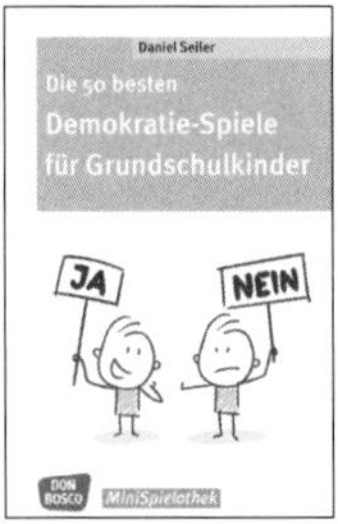

ISBN 978-3-7698-2559-6

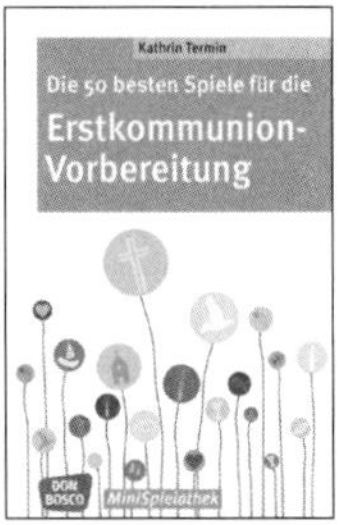

ISBN 978-3-7698-2556-5

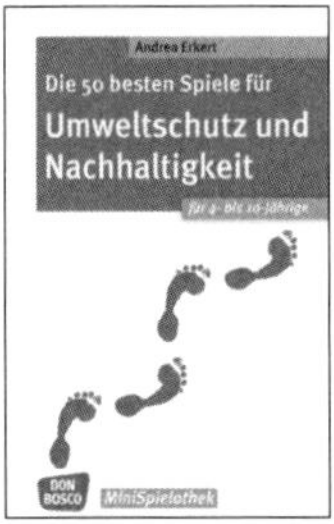

ISBN 978-3-7698-2555-8

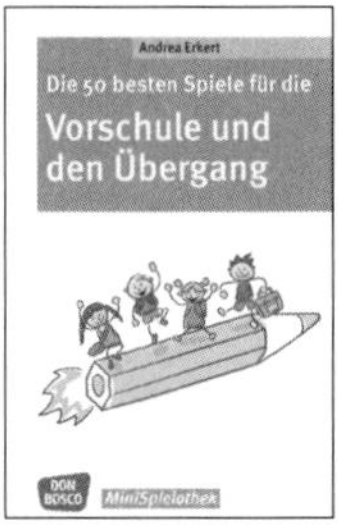

ISBN 978-3-7698-2546-6

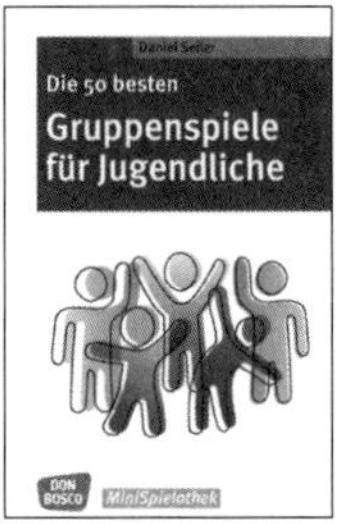

ISBN 978-3-7698-2545-9

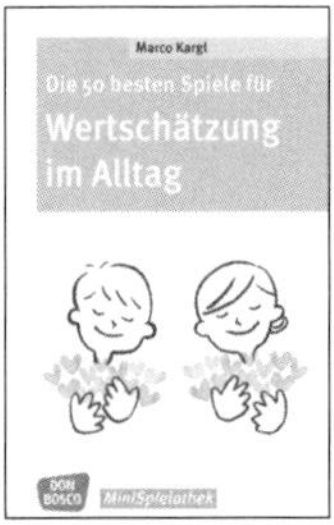

ISBN 978-3-7698-2540-4

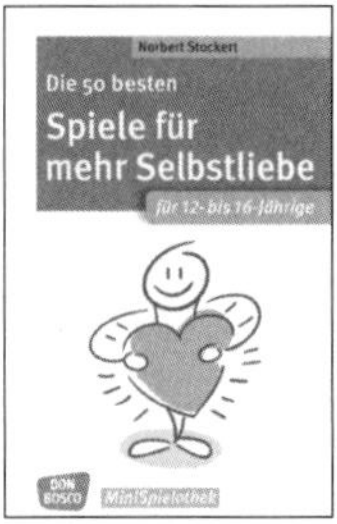

ISBN 978-3-7698-2539-8

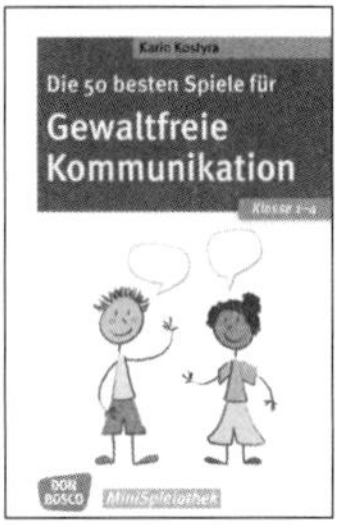

ISBN 978-3-7698-2521-3

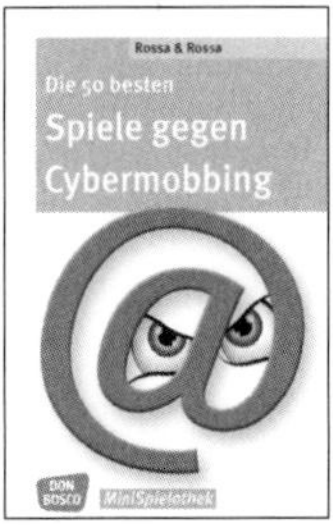

ISBN 978-3-7698-2520-6